RECUEIL

DES

LEÇONS D'HARMONIE

Données aux Concours pour les emplois de Chef et de Sous-Chef de musique dans l'Armée.

avec la réalisation des auteurs.

1872 à 1891

PRIX NET: 6 fr.

Les Leçons aux Concours de 1892 (Chef et Sous-Chef) .... 50^c
Les Leçons aux Concours de 1893 (Garde Républicaine) .... 25^c
Les Leçons aux Concours de 1893 (Equipages de la Flotte) .... 25^c
Les Leçons aux Concours de 1894 (Chef et Sous-Chef) .... 50^c
Les Leçons aux Concours de 1894 (Artillerie et Génie et Artillerie de Versailles) .... 50^c
Les Leçons aux Concours de 1896 (Chef, sous-Chef, Artillerie et Génie) .... 75^c
Les Leçons aux Concours de 1898 (Artillerie et Génie et Artillerie de Versailles) .... 50^c
Les Leçons aux Concours de 1898 (Chef et Sous-Chef y compris le concours préparatoire) .... 75^c

---

CETTE PUBLICATION SERA CONTINUÉE.

1899
PARIS
EVETTE et SCHAEFFER, Editeurs, PASSAGE DU GRAND CERF, 18 & 20.

CONCOURS DE 1898

CANDIDATS CHEFS

A. BARTHE.

EVETTE & SCHAEFFER Edrs Pr du Gd Cerf 18-20. 1898.

mf
poco rit.
p
A tempo.
mf
poco rit.
p
mf
poco rit.
p
A tempo.
mf
p
mf
mf
mf
mf
p
mf
f
f Rall.
p
mf
f
Rall.
p
mf
f
Rall.
p
mf
f
Rall.

A. BARTHE. ANNÉE 1898.

mf

Rit.

mf

Rit.

Rit.

mf

Rit.

p

a Tempo.

mf

p

mf

a Tempo.

p

mf

a Tempo.

p

p poco a poco rall.

p poco a poco rall.

poco a poco rall.

p

CANDIDATS SOUS-CHEFS

A. BARTHE.

ANNÉE 1898.

mf
f
p

A. BARTHE.

ANNÉE 1898.

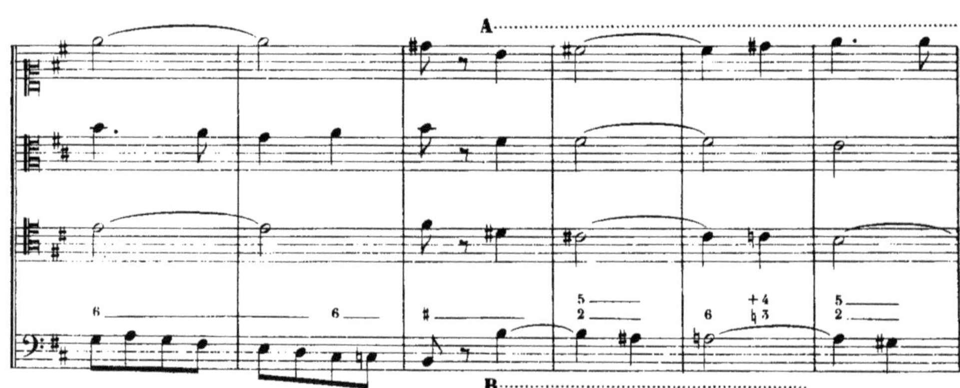

mf
f
poco rit.
poco rit.

EXAMEN PRÉPARATOIRE 1898

CANDIDATS CHEFS.

A. BARTHE.

BASSE ET CHANT ALTERNÉS.

CHANT DONNÉ.

p
poco più lento.
p
poco più lento.
p
poco più lento.
mf
mf
mf
mf
mf
mf
mf
mf
f
poco rit.
mf
f poco rit.
mf
f poco rit.
f

CANDIDATS SOUS-CHEFS.

A. BARTHE.

ANNÉE 1898.
BASSE ET CHANT ALTERNÉS.

Andante maestoso.

BASSE CHIFFRÉE.

rall.

rall.

rall.

CHANT DONNÉ.

Imp. H. Gardé r. Greneta 47.

CONCOURS DE 1898

CANDIDATS CHEFS

A. BARTHE. ARTILLERIE ET GÉNIE.

a Tempo.
a Tempo.
marquez le chant.
a Tempo.
cresc.
cresc.
cresc.
cresc.

élargissez.
a Tempo.
cresc.
mf poco animato.
élargissez.
a Tempo.
mf poco animato.
élargissez.
cresc.
mf poco animato.
élargissez.
cresc.
mf poco animato.

rall.
rall.
rall.
rall.

A. BARTHE. ANNÉE 1898.

cres - cen -
cres - cen -
cres - cen -
cres - cen -
- - do.
- - do.
- - do.
- - do.
f
f
f
f
mf
mf
mf
mf

p
p
p
f
mf
mf
mf
mf
dim.
dim.
dim.
p
p
p
p
poco rit.
poco rit.
poco rit.

CONCOURS DE 1898

CANDIDATS CHEFS

A. BARTHE.

VERSAILLES ET VINCENNES.

Andantino moderato.

CHANT DONNÉ.

poco rit.
poco rit.
poco rit.
poco rit.

Largo.
mf
mf
mf
BASSE DONNÉE.
mf

cresc.
cresc.
cresc.
cresc.
f
p
poco rit.
f
p
poco rit.
f
p
poco rit.
f
p
poco rit.

www.ingramcontent.com/pod-product-compliance
Ingram Content Group UK Ltd.
Pitfield, Milton Keynes, MK11 3LW, UK
UKHW021048260726
13994UKWH00005B/2406

9 782329 378626